Carlos Afonso Schmitt

*A*utoestima
O toque mágico de uma vida feliz

Paulinas

Dados Internacionais de Catalogação na Publicação (CIP)
(Câmara Brasileira do Livro, SP, Brasil)

Schmitt, Carlos Afonso, 1941-
Autoestima : o toque mágico de uma vida feliz / Carlos Afonso Schmitt. – 8. ed. – São Paulo : Paulinas 2013. – (Coleção sabor de vida)

ISBN 978-85-356-3509-6

1. Autoajuda – Técnicas. 2. Autoestima. 3. Felicidade I. Título. II. Série.

13-05325   CDD-158.1

Índice para catálogo sistemático:
1. Autoajuda : Psicologia aplicada   158.1
2. Autoestima : Psicologia aplicada   158.1

8ª edição – 2013

Direção-geral: Bernadete Boff

Editora responsável: Andréia Schweitzer

Coordenação de revisão: Marina Mendonça

Copidesque: Mônica Elaine G. S. da Costa

Revisão: Ruth Mitzuie Kluska

Assistente de arte: Sandra Braga

Gerente de produção: Felício Calegaro Neto

Capa e diagramação: Telma Custódio

Nenhuma parte desta obra pode ser reproduzida ou transmitida por qualquer forma e/ou quaisquer meios (eletrônico ou mecânico, incluindo fotocópia e gravação) ou arquivada em qualquer sistema ou banco de dados sem permissão escrita da Editora. Direitos reservados.

Paulinas
Rua Dona Inácia Uchoa, 62
04110-020 – São Paulo – SP (Brasil)
Tel.: (11) 2125-3500
http://www.paulinas.org.br– editora@paulinas.com.br
Telemarketing: 0800-7010081

© Pia Sociedade Filhas de São Paulo, São Paulo, 2003

Sumário

Introdução..*5*

PARTE 1
Como fazer importantes distinções entre autoimagem e autoestima

Autoimagem e autoestima: distinções necessárias..............*9*
A gênese da autoimagem..*12*
"Ele é uma gracinha..."..*15*
A autoimagem nos acompanha sempre............................*18*
Nossa linguagem nos trai...*21*

PARTE 2
Como descrever e entender as características da autoestima

Autoestima: irmã gêmea da autoimagem?.......................*27*
Autoestima: confiança em si..*32*
Conhecer-se cada vez melhor...*34*
Autoestima e motivação...*37*
Autoestima e programação de objetivos.........................*39*

PARTE 3
Como reconhecer e evitar as consequências desastrosas de uma baixa autoestima

Baixa autoestima no trabalho..*45*
O problema das más companhias...................................*49*
Alcoolismo, drogas, crimes.....*51*

Autoestima e depressão.. 54
Impotência diante da vida... 56
Fome de aprovação e amor.. 58
Carreira profissional estagnada.................................... 60
Casamento problemático.. 62
Insegurança geral ante a vida....................................... 64
Outras características a considerar............................. 66

PARTE 4
Como viver uma autoestima positiva e saudável

Tornando-se proativo... 71
Agindo de forma realista e criativa............................. 73
A flexibilidade nos julgamentos e ações..................... 75
Alegre e benevolente.. 77
Otimista e cooperativo... 79
Humildade em admitir seus erros................................ 81
Desafios válidos e objetivos estimulantes................... 83
Paixão por novas experiências..................................... 85
Comunicação aberta e honesta.................................... 87
Partilhando sua riqueza interior................................... 89

PARTE 5
Como ajudar os outros a reforçar a própria autoestima

Saber qualificar.. 93
Apoiar, estimular, incentivar.. 95
A força dos grandes momentos.................................... 97
Sucessos, êxitos, objetivos alcançados........................ 99
O toque mágico de uma vida feliz............................. 101

Introdução

𝓔la caminhava sorridente, cabeça erguida.
Seus olhos vislumbravam horizontes novos, dantes nunca imaginados.
Seu passo era firme e sincronizado: estava aí, inteira, de corpo e alma, dirigindo-se ao trabalho.

Agora, sim, era vida!
Ressuscitara para a esperança,
        para a alegria,
        para o amor.
Uma nova experiência nela fervilhava.
Descobrira finalmente seu valor: *estava amando*.
Amando a SI MESMA como nunca se amara antes.
E como o amor é mágico, um *toque de magia* envolveu seu coração.

Uma nova luz brilhou em seus olhos.
Um novo alento impulsionou seus passos.
Flores coloriam seus caminhos, estrelas iluminavam um novo céu.

Enfim, *sua autoestima renascera*.

Parte 1

Como fazer importantes distinções entre autoimagem e autoestima

Autoimagem e autoestima: distinções necessárias

É importante, para uma compreensão mais acurada de nosso tema, fazermos algumas considerações iniciais que facilitem nossas reflexões. Fala-se hoje muito da relevância de uma autoestima elevada para tornar a vida saudável e feliz. Concordo, na íntegra, com essa posição. Digo mais: é *exigência* para o sucesso de qualquer ser humano. Sua ausência conduz ao fracasso inevitável e à degradação dos costumes. *Sem uma autoestima desenvolvida, realista e positiva, viver torna-se um ato insosso e enfadonho.* Desprovido de toda graça, viver seria meramente vegetar.

Se não apenas concordo com o que foi dito, magnífico tudo que se possa dizer de uma autoestima relevante e significativa.

Há, porém, *lembretes* e *distinções* a serem feitos. Se a autoestima é tão decantada e enaltecida, *quem nos fala da autoimagem?*

- Primeiro você tem uma *imagem* de você. Uma *ideia*. Um *conceito*. Você *pensa* a seu respeito de forma negativa ou positiva, distorcida ou realista.
- Você se *vê* como alguém que é capaz ou incapaz. Alguém desprovido de valor ou alguém que merece crédito.

- Da *imagem mental*, da "fotografia" que faz de si mesmo, você conclui as possibilidades ou não que a vida lhe oferece.

Na minha visão, a autoimagem *precede* à autoestima, ainda que depois se *retroalimentam* (se a autoestima é elevada, você capricha em sua imagem, e assim sua estima cresce). A autoimagem é algo tão inconsciente que, se todos a têm, poucos estão realmente conscientes dela. É tão profunda e arraigada em nós que não podemos viver sem ela. Está gravada desde o útero materno e nos acompanha até o último alento. Ter uma visão de si faz parte da essência humana. Se esta é a verdade, é também o problema.

- Nem todos têm uma autoimagem positiva. Veem-se *rejeitados* e sentem-se como tais. Veem-se *mal-amados* e sentem-se *infelizes*. E aí começa o drama.
- Nem todos *se esforçam* para *melhorar sua autoimagem*. E aí o drama continua.
- Nem todos *conseguem*, de fato, ver-se com *amor* e *simpatia*, e por isso sua vida carece de sentido e valor.

Iniciamos, portanto, com algumas considerações, úteis e necessárias, para que você possa tirar o máximo proveito desta leitura. Não podemos pensar exclusivamente em autoestima. Precisamos ter presente que a autoimagem faz parte essencial desse jogo, e a autoestima é consequência desta.

*Autoimagem baixa,
autoestima baixa.*

*Autoimagem positiva,
autoestima positiva.*

*Este é o caminho.
Vamos descobri-lo?*

A gênese da autoimagem

Podemos afirmar hoje, sem receio, que as origens da noção de autoimagem remontam ao momento da concepção. É *desde o útero materno* que se forma em nós, gradualmente, uma ideia cada vez mais clara de quem somos. À medida que os meses de gestação avançam, a ideia que a criança faz de si mesma, no ventre da mãe, pouco a pouco vai se elucidando.

- Ela sabe se é esperada ou não.
- Ela sente se o amor a acolhe ou se a rejeição a discrimina.
- Ela percebe, desde o primeiro momento, se é desejada ou se é inoportuna a gravidez que ocorreu.
- E quando sofre tentativas de aborto, mais ainda se reforça a imagem de rejeição e desamor nesse pequeno ser.

Vaga, mas consistentemente, forma-se na mente da criança a imagem de alguém que é bem-vindo ou de alguém que não foi convidado para a festa.

Deve ser muito difícil, constrangedor até, saber-se não aceito e ao mesmo tempo estar presente...

- Seria tal rejeição a responsável por tantos abortos ditos espontâneos, provocados pela própria criança, como a dizer que não quer viver num mundo que a rejeita?

- Seria este ou outros os motivos que levam tantas mães a terem transtornos e enjoos, hemorragias e toda sorte de distúrbios durante a gravidez?
- Seria essa a maneira silenciosa, decidida e às vezes fatal para mãe e filho, o protesto veemente de uma criança que se nega a nascer e permanece sentada no ventre da mãe, dificultando ou impedindo o parto?
- Seria esse o agravante que torna tantos partos problemáticos, enquanto outros são totalmente naturais, fáceis e rápidos?

De algo a ciência tem certeza hoje: *a criança tem o poder de ajudar ou de dificultar seu nascimento.*

Tudo depende da imagem que se formou a respeito dela mesma e da vida.

Você que está lendo estas páginas, pare um pouco e pense comigo.

Um dia *você* foi aquela criança que se formava no seio da mãe. Um dia fui eu.

Sem querer culpar a mãe que escolhemos ou que Deus nos reservou, foi aí que tudo começou.

- Teria sido você *esperado* e *desejado*, com todo amor que um pai e uma mãe lhe devotavam sem conhecê-lo ainda, ou sido *rejeitado*, criando-se

assim um quadro de angústia e pânico, não só para sua mãe, como para você também?
- Se hoje sua autoimagem e consequente autoestima estão baixas, fracas e deterioradas, não seria consequência desses primeiros nove meses de vida?

Pouco adianta hoje nos lamentarmos ou procurarmos culpados. Somos todos *corresponsáveis* por tudo que nos acontece. Consciente ou inconscientemente fazemos parte dessa trama, escrevemos conjuntamente os capítulos dessa novela que nos faz rir e chorar, vivendo nossos papéis, às vezes sofridos e mal interpretados.

O perdão é o grande remédio para esses males. Autoperdoar-se com a mesma dose de amor com que perdoamos nossa mãe: essa é a melhor terapia dentre todas que possam ser buscadas.

"Ele é uma gracinha..."

Quem não ouviu algum familiar, parente ou amigo manifestar sua opinião a respeito de um recém-nascido?

Todos têm uma palavra de admiração, um palpite a respeito do "visitante". Para alguns "ele é uma gracinha", "que fofura, meu Deus", "que coisa mais linda"...

Apesar de todos acharem as crianças pequenas bonitas e fofinhas, há também exceções que machucam os ouvidos de quem chegou, frágil e indefeso. "Ah, coitadinho! E essa magreza toda? Será que vai vingar?"

E as *primeiras apreciações* das tias, dos avós e de todas as "comadres" que veem o recém-chegado começam a reforçar na mente da criança a vaga imagem que vinha alimentando a respeito de si mesma. Tudo fica gravado em seu inconsciente. Nenhuma palavra, nenhum olhar, nenhum gesto lhe passam despercebidos. Ela é uma esponja que tudo absorve, um minigravador que registra todos os detalhes ao seu redor. São os *inputs* dos programas de seu computador biológico; é o material com que a mente vai elaborando e desenvolvendo a imagem de si,

- de quanto é ou não amado;
- de quanto será ou não capaz;
- de quanto feliz ou infeliz será.

A *educação* dos pais, o *ambiente* em que se vive e cresce, a *escola* e a *Igreja* começam a ter influência fundamental no desenrolar da história da criança.

- Se os pais a julgam meritória e capaz, tudo será brilho e festa. Se os pais, ao contrário, a tratam como uma atrapalhada, como inepta à vida, tudo será nuvens e tristeza.
- Se os pais a tratam como pouco inteligente – "Não seja tão burra!" – e na escola os professores reforçam tal tese, aí sim a desgraça está feita. Está ratificado o que já vinha sendo dito. E a conclusão da criança é lógica e imediata: "Eu sou burra. Não entendo nada".
- Se a sociedade na qual a criança aprende os primeiros inter-relacionamentos é saudável e esclarecida, tudo bem.

E se for uma favela, das tantas que margeiam nossas cidades?

E se for um ambiente hostil, perigoso e adverso, como crescerá nossa criança, como se consolidará nosso adolescente?

Dependendo do credo religioso dos pais, a catequese e os ensinamentos bíblicos recebidos confirmam a imagem já instalada. Sentir-se-á nosso adolescente como o "convidado para o banquete" ou a "ovelha desgarrada" que se extraviou do rebanho?

A autoimagem se desenvolve à medida que as *interações* com os pais, a sociedade, a escola e a Igreja vão se intensificando ao longo de nossa vida. *Tudo influi.* Tudo interage. Tudo atrapalha ou contribui. Ninguém fica isento.

Somos o que fizeram de nós.
Seremos o que decidirmos fazer.
A escolha está em nossas mãos.

A autoimagem nos acompanha sempre

É impossível separar-nos de nossa autoimagem. Faz parte de nossa essência. *Somos o que pensamos ser.* A autoimagem que temos, consciente ou inconscientemente, influi de forma decisiva em nossas atitudes e comportamentos. De manhã à noite, onde estivermos, ela é nossa "vestimenta": aquela que nos "mostra" ao mundo, a *aparência* com a qual nos apresentamos, a visão que temos e que os outros têm de quem somos.

Poderíamos dizer até mais: é como se ela *caminhasse a nossa frente*; uma *energia precursora* que chega antes, que anuncia aos outros a nossa vinda.

E os "radares" não falham. Captam com precisão se é um tímido que se aproxima, ou alguém confiante de si. A importância da autoimagem é decisiva. Ela nos diz quem somos e diz aos outros a que viemos; se somos capazes de grandes realizações ou incapazes de resolver nossos próprios problemas. Ela fala de nosso passado e revela os paradigmas que alimentam os passos do futuro. Nosso dia a dia está aí, traduzido em cada palavra e em cada gesto. *Somos a nossa autoimagem.* Ela revela também a nossa "área do possível".[1]

---

[1] MALTZ, Maxwell. *Liberte sua personalidade.* São Paulo: Bestseller, 1962.

- Se você acredita que não pode, seus caminhos se fecham.
- Se você acredita que pode, seus caminhos se abrem.
- Todas as portas se fecham para quem desacredita em si.
- Todas as portas se abrem para quem confia em seu potencial.

É a lógica da vida. *Colhemos o que semeamos*. Sempre foi e sempre será assim. *Nossos horizontes estão sujeitos a nossa visão*. Um míope não pode enxergar longe. Ao contrário, uma visão clara, lúcida e penetrante vislumbra até mesmo os horizontes mais distantes e penetra no tempo-que-há-de-vir. *Não há fronteiras para os visionários*. O mundo é pequeno para o coração deles, pois, de alguma forma, são maiores que o mundo.

Há de se ter em mente também, ao se falar da importância da autoimagem, que existe uma nítida correlação entre simpatia ou antipatia ligadas à ideia, à imagem que temos uns dos outros.

- Se você tem preconceitos a respeito de alguém, a antipatia se torna algo natural e espontâneo. Você não sabe por que, mas ela aparece. E o clima fica pesado e o entrosamento difícil. Algo está mal. *As energias se repelem*.
- Se você pensa positivamente a respeito do outro, meio caminho está andado. Basta que ele

também tenha os mesmos sentimentos que você, e *a simpatia brota instantaneamente*.

Convém lembrar que isso vale para qualquer circunstância da vida. Interfere tanto em nossa vida conjugal ou familiar quanto em nossos negócios ou vida social. *Interfere no aprendizado escolar*, a ponto de o aluno não aprender direito, se a imagem que tem da professora é negativa. A visão da professora a respeito do aluno tem a mesma interferência. O ensino fica prejudicado e o rendimento escolar torna-se escasso. Tudo por causa de uma heteroimagem negativa e preconceituosa que afeta inconscientemente o relacionamento de ambos.

> *Os outros se tornam para nós o que pensamos deles.*
>
> *É o grande poder da imagem mental.*
>
> *Fiquemos atentos!*

Nossa linguagem nos trai...

— Não repare. Eu sou assim mesmo. Sempre fui meio tímido e desajeitado. Acho que não mudo mais...

— Sempre fui assim. O que você quer: que eu mude agora, depois dos 50?

— Sou assim e pronto! Se você quer ser meu amigo, tem de me aceitar!

— Sou temperamental e não consigo mudar. É tarde, estou velho demais.

— Sou falador assim mesmo. Você já viu "gringo" que não "parla" o tempo todo?

— Teimoso? Sou mesmo! Sou alemão...

— Eles todos são assim. Aquela família é maluca! Todo mundo nervoso...

Os rótulos multiplicam-se, cada um querendo descrever ou justificar atitudes que em nada se justificam. Em poucos minutos, ao conhecermos alguém pela primeira vez, nossa autoimagem vai revelando ao outro quem somos. E a linguagem nos trai com facilidade. Sem aperceber-nos, vamos "entregando" ao outro nosso modo de pensar, a visão que temos de nós mesmos.

Isso, contudo, não seria ruim. A convivência nos revela por inteiro. O dia a dia desnuda qualquer disfarce. O problema é que *nossa linguagem reforça e aprofunda a autoimagem*, problematizando sempre mais a situação.

Para alguém que já estava complicado, complica-se mais ainda. Para quem pouco se apreciava, menos se apreciará.

O reverso da medalha também é verdadeiro. Se eu falasse bem de mim, de forma realista e amorosa, isso reforçaria a minha própria imagem. É como se eu gravasse tal informação e a todo momento a repetisse: sempre mais e sempre mais profundamente. Será difícil apagá-la. Tende a permanecer e a fortalecer-se.

E o que dizer das avaliações que as pessoas fazem a respeito da *saúde*?

— Sabe, eu sou muito doente. Sempre fui. Desde que me conheço...

— Se você soubesse como eu ando mal!

— Vivo doente. Se não é uma, é outra coisa. Já estou cansado...

— Saúde que é bom, eu nunca tive. Nasci doente e cada ano piora...

Como terapeuta, conheço muito bem as queixas de meus pacientes. A "doença" ocupa a mente deles, seus pensamentos e suas palavras. Suas preocupações giram em torno de como *evitá-la*, em vez de se ocuparem em gerar saúde, estado mental que automaticamente faria a doença desaparecer.

- Onde está nossa linguagem de saúde, de bem--estar, de esperança na vida?
- Onde está nossa linguagem que identifica sinais de felicidade, acenos de alegria, promessas de bênçãos?

- Onde está nossa linguagem que, por si só, é um testemunho de uma vida realizada e próspera, capaz de gerar saúde suficiente para transformar-nos em seres radiantes, proativos e dinâmicos?

Tudo isso é domínio da autoimagem. Seu território é vasto e inexplorado. Há muito caminho a ser desbravado. Somos uma terra fértil, porém, desconhecida.

> *O futuro irá nos dizer o que fizemos de nós.*
> *Aliás, o que "pensamos de nós".*
> *Que imagem cultivamos.*
> *Que paradigmas elaboramos.*
> *Está em nossas mãos*
> *criarmos uma imagem nova,*
> *forte e positiva de nós.*
> *Uma imagem abençoada.*
> *Afinal, somos filhos de Deus.*
> *E isto é maravilhoso!*

Parte 2

Como descrever e entender as características da autoestima

Autoestima:
irmã gêmea da autoimagem?

Há quem diga que as duas nascem juntas. Todavia, como num parto natural de gêmeas, a autoimagem nasce primeiro, tendo, assim, certa primazia. E a autoestima vem depois, naturalmente.

> *Da autoimagem que em nós alimentamos,*
> *resulta a autoestima que temos.*
> *Se eu me vejo com bons olhos,*
> *sinto-me bem comigo.*
> *Posso apreciar meu valor,*
> *dar-me a importância que mereço,*
> *estimular o respeito e o apreço*
> *que amorosamente a mim dedico.*

A autoestima é como a *postura mental* que adoto a meu respeito. Em decorrência, a *postura corporal* será elegante e decidida. Caminho com os pés firmes no chão, a cabeça erguida, sabendo de minhas capacidades e sentindo-me *seguro* do que quero.

Há três pontos fundamentais a analisar em relação à autoestima:

a) proporciona a devida *importância* do meu viver;
b) faz com que eu assuma a *responsabilidade* por minha vida;
c) torna-me *corresponsável* pelos outros, partilhando da responsabilidade social que a todos afeta.

Eu tenho valor

O apreço, a consideração, o respeito que a mim devoto, fazem-me entender a verdadeira importância que tenho. *Minha origem é divina, meu destino também.*

- *Sou filho do Altíssimo*, herdeiro da eternidade da qual compartilho por filiação.
- *Sou energia da Grande Energia*, luz da grande Luz, centelha divina que arde em mim como chama indestrutível de vida, capaz de me elevar acima de meus limites e de me fazer superar quaisquer obstáculos.
- *Sou água da Grande Fonte*, inesgotável e perene, a fluir pelos séculos sem fim, saciando a sede de todos os corações sedentos.

É por isso que tanto valho. É por isso que invisto em mim, sabendo que vim para a escola da vida para *aprender*, para *evoluir*, para *crescer sem limites*. Autoestima tem a ver com isso. Acreditar-me assim, sentir-me investido da túnica de príncipe, partilhar das benesses

do grande Pai, tudo isso me faz honrar o nome que tenho.
- *Sou "filho do Universo"*, irmão do Sol e da Lua, das árvores e das estrelas, dos pássaros e das flores.
- *Eu me amo*, porque um dia o Mestre pediu explicitamente que assim o fizesse. Pediu que *eu* fosse *a medida* do meu relacionamento com os outros. Do jeito que eu me amasse, eu deveria amar os outros. Que aprendesse a me amar primeiro, para depois partilhar esse amor.

A fonte necessita de água para poder ofertá-la. Esse é o mandamento do Senhor. É ele quem pede que minha autoestima seja forte, positiva e altruísta. Nisso está meu valor, minha alegria.

Sou responsável por minha vida

Este é um requisito indispensável da autoestima. Eu assumo minha vida e paro de culpar os outros, as circunstâncias, o ambiente, o tempo... Tudo que de alguma forma possa servir como instrumento expiatório de minhas irresponsabilidades e desafetos.

Assim, devo evitar atitudes típicas que derrubam minha autoestima, como:
- Nutrir mágoas contra o mundo:
    – Sou vítima do destino e ele está sendo injusto comigo.

– Não mereço sofrer assim, nem ter todo esse azar que se abate sobre mim.
– Não sei o que acontece comigo.
– Se ao menos eu fosse um ladrão, um assassino, aí sim... Se o destino me perseguisse, bem que eu mereceria. Mas sempre fui bom.
– Nada fiz para merecer os castigos divinos que me afligem: doenças, invejas, perseguições (até de amigos...).
– Tudo isso é demais. Há algo de errado aqui.
- Buscar um culpado para aliviar o peso de minhas costas:
   – Deve ter alguém responsável, visto não ser eu.

Então, enquanto me queixo da vida, deixo de assumir a responsabilidade
- de construir meu destino,
- de fazer minha história,
- de criar em minha mente os objetivos que desejo alcançar.

Em contrapartida, ter autoestima é dizer: "Eu sou responsável, eu assumo, eu estou no comando".

Partilho minha vida com os outros

A responsabilidade social é outra característica importante da autoestima.
- *Sem medo de empobrecer*, partilhando, acredito na abundância da vida e do amor.

- *Sem medo de ser absorvido*, invadido pelos outros, capaz de perder minha própria identidade por doar-me pelo bem comum, sei que me afirmo cada vez mais na medida de minha doação.
- *A inveja não me atinge*, o "olho-grande" não me atrapalha. Minha fé me conduz, mesmo em caminhos adversos. Nada tenho a temer.

A autoestima elevada desfaz qualquer egocentrismo que possa querer implantar-se. Tratar os outros com respeito e dignidade é prerrogativa de uma autoestima elevada.

A baixa autoestima, pelo contrário, trata mal os outros e procura rebaixá-los. Eles são uma "ameaça", ainda que velada, mas são. É preciso destruí-los...

Sentir-se amável e amado é de máxima importância para partilhar a vida com os outros. O amor contagia. É impossível não ser atingido por ele. Basta que brote do coração e seu contágio acontece.

---

*Dando-me a importância que tenho
como ser divino-humano, assumindo 100%
a responsabilidade de minha vida,
partilhando minha vida com os outros:
é assim que eu começo a firmar
minha autoestima,
é assim que sigo os passos
que a evolução requer de mim.
Agora é crescer, sempre mais.*

Autoestima: confiança em si

Se parar de acreditar que um dia irá se tornar campeão, você jamais o será.

Eduardo Botelho

"Afirmar-me" é um modo de mostrar meu valor. Confiar em mim e nas minhas capacidades é fundamental para desenvolver minha autoestima.

Aceitar-me como sou, para com base em minha realidade construir meu futuro, é condição necessária para elevar minha autoestima.

– Confio em mim como *homem*. Todos os encargos a mim destinados como membro do sexo masculino, eu aceito e assumo amorosamente.

– Confio em mim como *mulher*. Se escolhi viver assim, porque agora estaria renegando a missão que me cabe como mulher, esposa e mãe, para dar ao mundo aquele toque de ternura de que tanto necessita?

– Confio no potencial de *minha mente*, na capacidade de pensar e decidir meu caminho.

– Confio no *direito de ser feliz* e bem-sucedido, de prosperar na terra que Deus me outorgou como dádiva, na oportunidade que o Criador me oferece de mostrar de que sou capaz.

– Confio na *sabedoria do meu coração*, capaz de me orientar, dando-me a segurança e o poder de prosseguir em meu caminho, ou de escolher o real caminho que me realizará como criatura em busca de perfeição.

– Confio na *conquista do meu espaço*, por meio do qual eu possa agir e determinar o rumo de meus passos, ciente da responsabilidade que me cabe na construção de um planeta sustentável e fraterno.

– Confio na *capacidade de vencer*, de tornar-me campeão, amoroso e humanitário, cidadão de dois mundos, liberando em mim meu "coração de águia", afeito a grandes voos e a horizontes sempre novos.

– Confio em meu *crescimento diário*, pois só assim o mundo todo irá melhorar. Nada há que não seja atingido. Tudo adquire um novo significado, uma medida mais justa e transbordante. Crescendo diariamente como ser humano, meu lado divino também se expande. Sou uno com meu espírito e todo meu ser se aperfeiçoa no amor.

> *Este é o poder de uma saudável autoestima:*
> *tudo se transforma,*
> *porque eu me transformei.*

Conhecer-se cada vez melhor

O autoconhecimento é fator de máxima relevância no desenvolvimento da autoestima. Quanto mais me aprofundar nos mistérios do meu ser, tanto mais amor eu terei por esta criatura que sou. Contudo, essa é uma missão difícil, porque gostamos de nos enganar a respeito de nós mesmos. Gostamos de maximizar nossas virtudes e minimizar nossos defeitos.

O contrário, porém, também acontece, e as sombras nos assustam. Procuramos evitá-las, mas invariavelmente elas nos perseguem.

O nome já o diz: são nossas "sombras"... Inseparáveis. Às vezes, ameaçadoras.

O único meio de nos livrarmos delas é *reconhecê-las como parte integrante de nossa personalidade e começar a iluminá-las com a luz do amor.*

É a grande alternativa. Tudo mais fracassa.

Conhecer-se cada vez melhor implica remontar à infância para perceber com que temperamento nascemos. Que conjunto de características herdamos. Como lidamos, ao longo dos anos, com este somatório de tendências, acrescido à posição que ocupamos na constelação familiar à qual pertencemos.[1]

---
[1] SCHMITT, Carlos Afonso. *Amar se aprende amando.* 5. ed. São Paulo: Paulinas, 2011.

- *Quem sou eu?*
  Que mistério me envolve desde o berço; que impressões minha alma carrega desde o seio de Deus e as traduz nas vivências de minha jornada existencial?
- *Vim para quê?*
  Que missão me está reservada na orquestração do universo de Deus?

A cada um é reservada uma tarefa específica. Somos um tijolo na grande construção. Necessário e importante.

- Estou conseguindo educar meu temperamento, criar meu caráter, forjar minha personalidade de acordo com princípios e valores duradouros e significativos, a ponto de subordinar todas as demais coisas às exigências que me impõem?
- Estou satisfeito com o tipo de vida que levo, ou sinto-me angustiado e aflito por não corresponder aos anseios mais profundos de minha alma?

Conhecer-se cada vez melhor e compreender os outros é tarefa urgente para incrementar uma autoestima verdadeiramente segura e fortalecedora. Tarefa permanente, para uma vida toda. Enquanto vivermos, há lições para aprender. E o bom discípulo está sempre de coração aberto, recebendo com boa vontade e benevolência as lições que o Universo lhe destina constantemente.

> *Você e eu, nós somos os discípulos.*
> *A vida nos fala.*
> *Sejam bem-vindos*
> *seus preciosos ensinamentos!*

Autoestima e motivação

As duas entrelaçam-se e se retroalimentam. Quanto mais alta e positiva for minha autoestima, tanto mais sou capaz de motivar-me. Quanto mais eu me motivo, mais minha autoestima brilha e se afirma.

Uma autoestima elevada faz com que eu me sinta bem comigo mesmo. Goste de minha companhia. Agrade-me ficar comigo. Torne-me a melhor companhia para mim. Estou harmônico, equilibrado. *Feliz por estar vivendo.*

Este estado de espírito *facilita a convivência* comigo e com os outros. Relaciono-me serenamente, sem ânsias e preocupações que desgastem minhas forças. Tudo começa a fluir como deve fluir: a seu tempo e em seu ritmo. Sinto-me motivado para fazer minha vida acontecer. Estou escrevendo o roteiro do meu filme: tudo se encaixa e adquire sentido.

Uma autoestima elevada devolve ou incrementa *um novo significado para a vida.* Vivo com mais ânimo, trabalho com mais disposição. O vento sopra favorável e o Universo cria as circunstâncias que favoreçam meu estado mental, florescendo meus sonhos e acalentando mais desejos.

Adapto-me com facilidade aos acontecimentos diários, com muita *flexibilidade interior* diante de tudo que me acontece. As águas do rio da vida correm serenas e límpidas, tudo tem brilho e beleza.

Há uma nova luz brilhando em mim, fazendo meu coração ver tudo diferente.

Há sorrisos em vez de lágrimas.

Há palavras de alegria em vez de queixas.

Este é o poder maravilhoso da autoestima:

- ela *impulsiona* você,
- reveste-o de *novos sentimentos*,
- *reanima* seu coração cansado,
- *rejuvenesce* sua alma abatida.

Um ar de ressurreição envolve você.

Sua aura se ilumina e expande, contagiando a todos que convivem com você. As pessoas adoram estar em sua companhia, sentem-se renovadas a seu lado.

Um toque de magia perpassa o ambiente: tudo se reveste de encanto, tudo se inebria de amor.

Autoestima e programação de objetivos

Você deve estar entendendo com bastante clareza, amigo leitor, que uma autoestima elevada favorece todos os setores de sua vida. Ela se interliga com tudo que você faz, com tudo que sonha fazer. Permeia seus pensamentos mais ocultos e invade os sentimentos de torrentes de luz. Assim fica fácil acreditar na vida, fica fácil vislumbrar o futuro.

> *Ter objetivos claros na mente,*
> *estabelecer metas viáveis e realistas,*
> *superar desafios, conquistar sucessos,*
> *tudo se conjuga de maneira harmônica*
> *e espontânea, atraindo as energias cósmicas*
> *e as bênçãos divinas*
> *como consequências lógicas do seu*
> *estado de espírito iluminado.*

Saber o que se quer é, assim, muito mais uma decorrência natural desse estado de espírito do que um esforço de planejamento que vise estabelecer princípios e estratégias para uma vida mais promissora.

Quem tem autoestima em alta flui com a vida sem necessidade de tantos sacrifícios e tanta "luta" à qual a maioria se refere.

- Como se tudo fosse extremamente difícil e complicado.
- Como se houvesse um entrave permanente a frear os passos.
- Como se tudo desse errado, tornando impossível reverter um quadro sombrio, dramático e sem perspectivas.

Cultivar uma arejada autoapreciação do valor e da dignidade da própria vida faz-nos perceber que *carregamos em nós todos os recursos de que necessitamos para vivermos felizes e alcançarmos os resultados que tanto almejamos.*

E quando resultados adversos atrapalham nosso rumo, somos capazes de extrair as lições que a vida nos oferece, guardando-as conosco para futuras eventualidades.

Tornamo-nos, assim, *aprendizes do Universo*. Mente aberta e coração receptivo a tudo que se passa conosco. *Tudo é lição* e há sempre algo novo para aprender.

Não há fracassos; há resultados.
Não há erros; há experiências.

À medida que vou introjetando esses novos paradigmas, fazendo deles meu modo de pensar e crer na vida, tudo adquire sentido novo e descortina horizontes até então desconhecidos.

> *São novos ares que sopram.*
> *É novo fogo que arde.*
> *É vida nova que pulsa.*

Meus passos conhecem o caminho. Ele é amplo e seguro; é prazeroso trilhá-lo. Como se uma luz seguisse à minha frente indicando o rumo e atraindo-me em sua direção.

- Há *sonhos* que precisam realizar-se.
- Há *metas* que precisam ser atingidas.
- Há *objetivos* que precisam ser alcançados.

É a lógica da vida em ação: se Deus nos deu a capacidade de sonhar, deu-nos também a capacidade de realizar nossos sonhos.

Parte 3

Como reconhecer e evitar as consequências desastrosas de uma baixa autoestima

Baixa autoestima no trabalho

Nos próximos capítulos, vamos analisar algumas das muitas consequências desastrosas que a baixa autoestima produz. São inúmeras, tanto no trabalho como na vida pessoal, familiar e social. Importa aqui nos determos em alguns pontos, para conscientizar-nos do mal e de seus perigos, a fim de conhecê-los e evitá-los.

Inveja

A pessoa que tem sua autoestima afetada, que desconhece seu verdadeiro valor, normalmente está propensa à inveja. Para ela, o outro é uma ameaça.
– Por causa dele posso não ser promovido.
– Por causa dela posso perder meu emprego.
– Por causa dele – que é mais competente e simpático – estou sempre em desvantagem.
– Quisera estar onde ele está; quisera ter o que tem.
– Por que ela "sim" e eu "não"? A vida está sendo injusta comigo. Bem que eu merecia ganhar o que ela ganha e ter as oportunidades que tem! Um dia o sol ainda vai brilhar para mim.
– É impossível que apenas os outros sejam abençoados. Deus vai ter de se lembrar de mim também. É o mínimo que eu espero...

Medo de ser criticado

O indivíduo com baixa autoestima é extremamente inseguro, dependente da opinião dos outros. Ele é "controlado pelo exterior", isto é: tudo que vem de fora o atinge. E, às vezes, o atinge tanto que sua interpretação da realidade é maximizada de forma terrivelmente negativa.

- Qualquer comentário do chefe é um desastre emocional.
- Qualquer opinião dos colegas é motivo de mágoa.
- Qualquer parecer contrário às suas ideias é altamente agressivo.
- Qualquer manifestação de discordância, até mesmo uma crítica construtiva e necessária, tudo é visto como ofensa ou ataque pessoal.

Falta-lhe confiança em si. Falta-lhe a certeza de seus atos. Falta-lhe a serenidade interior.

Se for elogiado, o vento sopra favorável. Se nada lhe é dito, a insegurança se instala.

– Será que estou agradando?

– Será que sou competente em meu trabalho?

– Estarão satisfeitos comigo, aqueles de cujas ordens dependo?

– Minha permanência no emprego estará garantida?

Quantas e quantas dúvidas, interrogações e angústias semeando instabilidade em seu coração! Quanto medo desnecessário corroendo seu íntimo e paralisando seu rendimento!

> *Tudo por uma causa apenas: baixa autoestima.*

Falta de compreensão

Com os colegas, sente *dificuldade em relacionar-se* de igual para igual. Um grave *sentimento de inferioridade* o afasta de uma amizade sincera e profunda. Não consegue a empatia necessária para sentir-se bem e conseguir que os outros também sintam o mesmo.

- Como é difícil entrar no mundo do outro e ver as coisas do jeito como ele as vê!
- Como é difícil sintonizar com os sentimentos de quem está a nosso lado, quando calamos ou fugimos de interagir!
- Como é difícil manter um clima gostoso e alegre, quando a compreensão está ausente!

Com os funcionários, se apesar da baixa autoestima a posição que alguém ocupa é de chefia ou comando, muitas vezes acontecem faltas de generosidade ou até de justiça no trato mútuo.

Há uma inconsciente *necessidade de sentir-se superior* aos outros, tendo que os manter onde estão, sem chances de muita aproximação e muito menos de intimidade.

Não dá para confiar demais, isso traria liberdades excessivas, não bem-vindas.

Sua autoestima está em baixa, instável e imatura. Como não se apercebe disso, age com desconfiança e parcialidade. Parece que algo não está bem. Ele o sente, mas não sabe explicá-lo. Assim vive e assim age.

O problema das más companhias

𝒫ela lei da atração do semelhante, entende-se com facilidade que pessoas de baixa autoestima atraem pessoas iguais. Esse é o primeiro passo para que ocorram situações complicadas. As *más companhias* estão à espreita do incauto e logo farão parte do seu dia a dia. Com elas vêm os *maus hábitos* e todas as consequências nocivas que trazem consigo.

- Temos então as "turmas" com seus paradigmas próprios, sua vestimenta e seus ritos, aprontando as mais incríveis "façanhas".
- Temos meninas-moças engravidando prematuramente, sem preparação alguma e sem perspectivas de futuro.
- Temos adultos afundados em jogatinas, farras e bebedeiras, em que o dinheiro e a dignidade se evaporam num passe de mágica.
- Temos, enfim, pessoas de autoestima falha frequentando ambientes suspeitos, nos quais se misturam os mais baixos desejos às práticas de todo tipo de desatinos.

Tudo em nome de uma autoestima pobre e degenerada, incapaz de manter sua própria escolha, sua própria determinação, suficientemente forte e equilibrada, a ponto de dizer um "não" seguro e decidido, capaz de gerar decisões verdadeiras e justas, impedindo a contaminação moral que infecta as pessoas de tais ambientes.

- Pobres criaturas, muitas vezes mal-amadas, impossibilitadas de manter a cabeça erguida e de vislumbrar horizontes mais límpidos!
- Pobres criaturas, sujeitas a todo tipo de desmandos, inábeis para romper a corrente que as prende a situações impróprias e degradantes!
- Pobres criaturas, arrastadas pela correnteza do mal, como se fora um caudaloso rio a devorá-las em suas águas barrentas!
- Pobres criaturas, também filhas de Deus, com o mesmo direito de serem felizes e realizadas como todos nós!

No dia a dia, todo cuidado é pouco. Podemos estar nos contaminando sem nos aperceber. Uma autoestima saudável é a grande arma que nos preserva e dignifica. Atrairemos pessoas positivas e exitosas, tornando nossa vida um caminho de bênçãos e realizações. Do contrário, buscaremos paliativos que nada justificam. Não acharemos solução para nada.

Alcoolismo, drogas, crimes...

Na vida de quem se deixa vencer pela baixa auto-estima, há um grande vazio existencial morando em seu peito. A vida não o satisfaz. *Nada o satisfaz*. Falta-lhe um sentido, um significado profundo para viver. Está constantemente em busca, sem saber exatamente de quê. Em busca de algo que o plenifique, dê-lhe gosto pela vida, preencha seu vazio. Sexo já não responde mais a suas angústias. Tanto buscou, tanto abusou, tanto usou, que não vale mais a pena procurar novos prazeres. Já esgotou seus limites: mulheres não satisfazem sua sede.

O mesmo vale para elas. Também querem dos homens aquilo que eles não podem lhes dar. Amor de verdade, que preenchesse sua alma, não se compra com dinheiro. Prazeres, apenas, não são resposta para suas inquietudes.

Como se quisessem matar uma misteriosa sede – *sede de infinito* –, lançam-se então à bebida, numa busca insaciável e desenfreada. E o hábito vai se instalando lentamente, criando mais um alcoólatra, entre os milhões já existentes. O cigarro, que vai se infiltrando no sangue e nos pulmões, insinua-se com o álcool na vida desse infeliz. Normalmente andam juntos. Onde um está, o outro aparece.

Se fosse apenas a vida pessoal a única prejudicada, não seria dos efeitos o pior. O álcool, porém, desorganiza a estrutura familiar, criando um clima insuportável, recheado de intrigas e desavenças.

- Se o alcoólatra for pai de família, como ficam a esposa e os filhos nessa triste situação?
- Pior ainda: se a alcoólatra for mãe? Aquela que é o parâmetro do lar, o sustentáculo dos filhos, a companheira de que o marido necessita?
- E se algum filho, ainda menor, começar a exagerar na bebida, em que caminhos acaba desembocando?

O passo seguinte é o mais perigoso. As drogas começam também a se infiltrar na vida dos viciados. Doses mais pesadas são as únicas que satisfazem. A autodestruição está a caminho.

Daí aos roubos, aos sequestros, aos crimes... os passos são poucos. É um triste e quase irreversível caminho que leva à ruína, à morte ou à prisão.

Uma solução viável para tanta calamidade passa necessariamente por uma *autoestima renovada e forte*. Sem o aprendizado do amor a si, do respeito e da valorização da própria vida, que sentido teria a vida dos outros? Roubar, sequestrar, matar... sem o verdadeiro apreço do valor que o ser humano representa, pouco ou nada significa para quem o faz.

Pelo contrário: no momento em que descubro meu valor e mantenho uma elevada e positiva autoestima de mim, tudo adquire um rumo novo. Avalio os outros de acordo com a medida que uso para mim. Vejo os outros com as lentes do coração, carregadas de respeito e amor ao próximo.

> *Há dois caminhos apenas.*
> *Um deles será minha escolha.*
> *Opto pela vida ou escolho a morte.*
> *A vivência da autoestima dirá a palavra final.*
> *Qual delas estou pronunciando?*

Autoestima e depressão

Com a autoestima em baixa é fácil encaminhar-se para a depressão. É tudo uma questão de valores.

> *Se eu valho pouco, se não me amo,*
> *se não me dou importância,*
> *se não tenho o devido apreço por mim,*
> *é perfeitamente compreensível que meu ânimo,*
> *minha vontade, minha disposição perante a vida*
> *sejam reduzidos ao mínimo.*

– Como posso entusiasmar-me, se nada me atrai?

– Como posso viver feliz, se não vejo saída para meus problemas?

– Como posso trabalhar animado, se nada faz sentido para minhas decepções?

Quanto mais sentir que o amor está ausente – "não amo e não sou amado" –, mais a tristeza, a mágoa e a frustração se instalam. Tudo se torna sombrio e sem brilho, dificultando cada passo da caminhada.

A vida está perdendo a graça

– Viver... para que viver?

– Sofrer... qual o sentido?

– Esperar... ainda há de esperar dias melhores?

Dúvidas, incertezas e aflições rondam os pensamentos que atormentam, dia e noite, a alma depressiva. Não há horizontes se iluminando nem portas se abrindo. Tudo é difícil e monótono e não vale a pena esforçar-se.

O depressivo está convencido de que todo esforço é em vão. Não há esperança capaz de acioná-lo para a vida. Para ele, é preciso conformar-se com a situação.

No entanto, ainda resta uma esperança. Uma esperança capaz de ressuscitá-lo.

Reconhecer sua dignidade de filho de Deus é o primeiro passo para a transformação.

Saber-se de origem divina e destino igualmente divino pode fornecer-lhe os ingredientes para a grande mudança.

> *Sentir-se amado por Deus,*
> *seja qual for sua situação existencial,*
> *fará a grande diferença.*
> *A diferença da vida, da alegria, do amor.*

E, então, pouco a pouco, os olhos se iluminam, o coração se aquece e a alma ressuscita. Afinal, viver não é tão ruim assim!

Impotência diante da vida

Uma das características mais visíveis da baixa auto-estima é a *atitude derrotista* que as pessoas assumem diante da vida.

Eu não consigo...

A incapacidade diante de novas realizações assume proporções gritantes, cada vez mais acentuadas e radicais. Gera-se um fenômeno de absoluta *impotência* diante da vida, *paralisando* por completo qualquer iniciativa que possa despontar, tímida, no horizonte de seus desejos.

Uma estranha sensação, uma crença de quase inutilidade invade sua alma. Tudo lhe parece estranho e difícil. Como se viver fosse estar perdendo, mesmo que o esforço procurasse compensar a falta de sorte.

- De repente surge um projeto novo que, à primeira vista, o entusiasma.
- De repente aquela vontade de vencer brotando no seu peito e desaparecendo tão rápido quanto veio.
- De repente uma pequena luz se acendendo e o vento do pessimismo querendo apagá-la.

- De repente um desejo de ser diferente e a desconfiança de que isso seja possível chegando simultaneamente.

"O que estaria acontecendo?", pergunta-se ele.

Em que teria falhado, para ser tão pouco meritória sua luta para vencer?

Estaria seu destino traçado irrevogavelmente para o infortúnio de não alcançar seus objetivos, algo tão natural aos outros?

Ele vive, cabisbaixo, ruminando seus pensamentos negativos e incapacitantes, como quem sabe que a sorte não nasceu para ele e que pouco adianta insistir, quando tudo é complicado ou impossível.

Sua autoestima está doente. Fraco e limitado, pobre e inflexível, ele não vê perspectivas em sua vida. O futuro está distante, obscuro e sem atrativos.

Urgente seria renascer.
Urgente seria crer de novo.
Mas como fazê-lo?

Fome de aprovação e amor

Baixa autoestima gera insegurança. Sensação desagradável de quem não sabe onde pisa. De quem não tem certeza do que faz. De quem desconfia de suas próprias capacidades. De quem olha e não acredita no que vê.
– Será que estou agindo certo?
– Será que os outros me aprovam?
– Será que me amam?
– Será que me aceitam?
– Será que sei o que quero?

E as *dúvidas* atormentam sua mente e seu coração, cheio de incertezas que abalam a estrutura de seus projetos, minando suas metas e desestabilizando seus objetivos. Tudo o angustia e deprime, criando um quadro psicológico deplorável.

Ser *aprovado* pelos outros se torna uma necessidade vital. É a própria subsistência emocional que está em jogo. É como se disso dependesse a felicidade ou a frustração, o sucesso ou o fracasso de seus empreendimentos.

É uma fome da alma. Estranha fome que precisa ser saciada, custe o que custar. Ela devora suas entranhas, em busca de alimento que só o amor dos outros lhe pode dar. E como necessita dele! É a fome de aprovação e amor que invadem cada célula de seu corpo, suplicando para ser saciada, nem que seja temporariamente.

Sentir-se *amado* é parte essencial dessa fome. Só o amor é capaz de satisfazer sua alma. Só o amor pode dar-lhe um sentido para a vida, um novo alento para refazer sua autoimagem e consequente autoestima. Amar-se, porque *o amor lhe devolve a certeza de que a vida vale a pena.*

De repente, ele caminha de cabeça erguida. Sente-se renovado por dentro. Vibra como dantes nunca vibrara.

> *Sua fome de amor está sendo saciada.*
> *Sua alma entoa um cântico de gratidão.*
> *Sua autoestima está em alta.*
> *É o começo da transformação.*

Carreira profissional estagnada

A autoestima negativa é fator de insucesso profissional. Dificilmente alguém será empreendedor enquanto não melhorar sua imagem mental e não fizer florescer o verdadeiro amor a si, que lhe dará o impulso e a coragem necessários para a iniciativa.

> *Ser autônomo requer capacidade de escolha, determinação e dinamismo.*
> *Requer espírito visionário, em que a intuição funciona como bússola,*
> *e a fé como certeza de sucesso.*

Tudo isso falta ao indivíduo com baixa autoestima. Sua carreira profissional é estagnada, tolhida pelo medo e pela insegurança que assolam sua mente.

Longe de apreciar desafios, acostuma-se à mesmice de sempre, sem atrativos nem ambições. Sabe que não vai longe: sua perspicácia é pouca e sua coragem menor ainda.

Dificilmente será promovido. Aliás, ele nem merece promoção. Isso é mais condizente para os outros. Para ele, garantia de emprego é o que basta. Já é muito bom.

- Como convencê-lo de que pode *evoluir*, superar limites, derrubar barreiras?

- Como convencê-lo de que *merece o melhor*, não apenas o pouco que a vida lhe dá?
- Como convencê-lo de que progredir é *confiar*, ter *objetivos*, *viver seus sonhos* e transformá--los em *realidade*?
- Como convencê-lo da *mudança urgente* de que sua autoestima requer, condição indispensável de uma vida mais digna e próspera?
- Como convencê-lo de que sucesso tem a ver com *competência*, *trabalho*, *dedicação* e *persistência*?
- Como convencê-lo de que *o sol também brilha para ele*, contanto que a janela seja aberta para clarear seu quarto?
- Como convencê-lo de que ainda é tempo, basta que sua *autoestima* volte a afirmar-se vitoriosa?

Seus passos são lentos e incertos; seu rumo inseguro e sem luz. Caminha sem vitalidade, como quem segue por mera obrigação. Como se a vida fosse uma obrigação. Amarga e difícil. Bem do seu jeito de ser. De alguém que não sabe se amar.

Casamento problemático

 O que se pode esperar de uma vida matrimonial, se a autoestima dos cônjuges estiver baixa? Dificuldades várias irão se suceder no relacionamento a dois, motivadas pelo poder negativo da autoestima do casal.

- *Ciúmes e desconfianças* são frequentes em situações como essa. Por não se valorizar equilibrada e saudavelmente, começa-se a pôr em dúvida a integridade do outro:
  - Posso confiar?
  - Ela está sendo fiel comigo?
  - Ele me trai e me engana facilmente?
- Há um *clima de instabilidade*, uma "guerra fria" que inferniza a vida do casal e dos filhos, tornando a convivência um pesadelo.
- *Desavenças* de todo tipo começam a fazer parte da rotina do casal. Desencontros, mágoas, desgostos: uma série de atrapalhos emocionais que vão desgastando o amor e criando barreiras psicológicas quase intransponíveis.
- Tudo é motivo para *intrigas e rivalidades*. O "jogo do poder" se acirra entre os dois. Cada qual se arroga o direito dos méritos e se inocenta dos fracassos. Cada qual quer ser melhor que o outro, culpabilizando-o por tudo

que não está de acordo com seus critérios de julgamento.
- A vida sexual torna-se cada vez pior. Sem desejo carnal, que atrativos exerceria? Sem um amor mais comprometido, mais profundo, mais genuíno, o casal se acostuma a uma *relação insossa*, fria e rotineira. Faz-se por fazer, para manter aparências ou mesmo cumprir obrigações.
- Os *filhos sofrem as consequências* deletérias dos desajustes conjugais, minando sua segurança e desestruturando sua harmonia interior. A vida em família vai se tornando quase insuportável. Tudo convida para um sentimento de mal-estar, corroborado pela constância de reclamações e cobranças que se instalou entre todos.

Assim é difícil ser feliz...

Uma autoestima renovada, mais forte e positiva, faria a grande diferença: o amor teria novamente condições de florir e o convívio familiar voltaria ao normal. Tudo que se espera de um casal que se ama é a capacidade de tornar seus filhos realizados. Às vezes, é muito pouco o que o amor exige: uma palavra amiga, um sorriso meigo, um gesto bondoso, um olhar terno... e a vida renasce como por encanto!

Que tal experimentar?

Insegurança geral ante a vida

Tomar uma decisão, por mais simples que seja, torna-se angustiante e problemático para quem tem baixa autoestima. É como se tudo tivesse possibilidade de dar errado. Como se depois fosse preciso culpar-se por não ter evitado o fracasso. Como se fosse melhor nada fazer, cruzar os braços e viver na inércia.

– Quem me garante que vai dar certo?

– Quem me garante que não vou arrepender-me?

– Quem me garante que, se esperar mais uns dias, não farei uma escolha melhor?

– Nunca sei qual é o melhor procedimento a adotar. E isso atrapalha pra valer!

Essas e outras reflexões martelam a cabeça do inseguro. Como se a vida, vista no seu todo, fosse um risco de ser vivida. Em cada esquina uma surpresa desagradável, em cada evento uma armadilha escondida. Todos os cuidados são poucos. É preciso precaver-se, desconfiar, estar alerta. Qualquer descuido pode gerar inúmeras consequências, fatais sob seu ponto de vista negativo.

Viver confiante e de cabeça erguida é algo difícil de entender; mais difícil de praticar. Os horizontes são estreitos e acanhados, sem aqueles desafios prazerosos que fazem do futuro uma conquista, com sabor de aventura. Nada o atrai nem encanta: a vida o amedronta.

- Sua *vida familiar* é monótona e vazia, vegetando no amor e no relacionamento com os filhos.
- Sua *casa* é de poucos amigos, pois nunca se sabe em quem confiar.
- Seus *negócios* são poucos e tímidos, porque prefere a segurança de um salário fixo mensal ao risco de um empreendimento próprio.
- Seus *sonhos* – se é que existem ambições em sua mente – são pobres, medíocres e imprecisos. É incapaz de objetivos relevantes, pois tudo representa um perigo para não alcançá-los. Então, sonhar por quê?

E assim sua vida, insossa, vai passando despercebida dos outros, pois nem ele se entusiasma com ela. Afinal, viver não é tão fácil assim como dizem os utópicos sonhadores do pensamento positivo...

– Quem me garante que vou consegui-lo?

Outras características a considerar

*H*á inúmeros outros pontos que merecem ser considerados ao analisar a baixa autoestima e suas consequências. É impossível abrangê-los todos. Não é nossa pretensão ser exaustivo num tema tão complexo e envolvente. Queremos refletir com você, amigo leitor, a fim de que possa fazer sua *autoanálise*, descobrindo as características que esclarecem sua maneira de pensar e de ser, seu modo peculiar de se expressar no mundo.

> *Conhecer-se para poder mudar.*
>
> *Este é o grande ponto de partida.*
> *Sem a consciência clara de seu estado atual,*
> *você não chega a lugar algum.*
> *Saber o quanto sua autoimagem é saudável e positiva*
> *irá oferecer as condições necessárias para instalar*
> *uma autoestima capaz de levá-lo a apreciar sua vida*
> *e a dar-se a importância que realmente merece.*

No entanto, a baixa autoestima – centro das reflexões desta Parte III – tem outras características que precisam ser conhecidas.

- Muitas vezes ela é cega às realidades e age de forma *irracional* ante a vida.
- Quem a possui, sofre de *rigidez mental*. Tem medo de ceder em suas opiniões para não ser derrotado.
- O *novo* facilmente o *assusta*. Prefere a rotina, o conhecido, o seguro.
- Tanto o *conformismo* o caracteriza, como também a rebeldia faz parte de seus princípios.
- Por ser *reativo*, as circunstâncias o influenciam, os fatos o determinam e as pessoas o convencem.
- Pode tornar-se *hostil*, com medo de ser enganado, iludido pela falsidade dos outros.
- É extremamente *dependente* da família, tanto daquela de origem como da que ele próprio constitui. O apoio dos outros, principalmente dos que o amam, é fundamental para sua segurança.
- Suas *aspirações* são *baixas* e seus objetivos pessoais pouco significativos.
- Sente uma estranha *necessidade* de provar aos outros que é bom, que é justo, que é competente, que merece ser aprovado...
- Apesar disso, sua *comunicação* com os outros é *evasiva*, imprecisa e cheia de meias palavras. Nunca se sabe ao certo se o entendemos ou

não. A *falta de clareza* confunde-lhe a mente e seus interlocutores.

Observe-se e tire suas próprias conclusões. A mudança em sua vida depende unicamente de você.

Acredite e verá!

Parte 4

Como viver uma autoestima positiva e saudável

Tornando-se proativo

Uma autoestima positiva e saudável é o grande objetivo a ser alcançado. Nos próximos capítulos, amigo leitor, queremos refletir com você sobre a importância de criar uma *nova autoimagem*, capaz de torná-lo uma criatura bela e fascinante, portadora de uma exuberante autoestima, diariamente renovada.

Uma das primeiras providências a serem tomadas, caso for preciso, é sair de um estado de vítima e *assumir sua vida* com total consciência e responsabilidade.

- Deixar de lado queixas e lamúrias e a mania de culpar os outros ou as circunstâncias.
- Deixar de sentir-se injustiçado pela vida.
- Deixar de minimizar-se diante das adversidades.
- Deixar de julgar-se impotente perante os desafios diários.

Isso e tudo mais que tem relação com reclamações e reatividade são os pontos fundamentais a serem superados.

No momento em que você, deliberada e conscientemente, assume sua vida, tornando-se 100% responsável por quem você é, a proatividade começa a desabrochar.

Você toma sua vida nas mãos, assume o comando, imprime a direção que deseja. Literalmente, cria seu destino. Isto lhe confere *poder*:

> *O poder de filho de Deus*
> *que se torna cocriador,*
> *transformando a própria vida*
> *e a vida do planeta.*

Proatividade implica corresponsabilidade, interdependência e compromissos de crescimento mútuo. Isso requer uma vivência consciente do aqui e agora, num engajamento cada vez maior com o todo: tanto comunitário quanto cósmico.

A proatividade o impulsiona, tornando-o livre para ser você mesmo, vivendo uma vida mais plena, cheia de perspectivas e horizontes novos. É o caminho da autorrealização, do comprometimento com os outros, da construção de uma sociedade mais justa e igualitária.

Eis um grande passo: você está convidado a dá-lo.

Agindo de forma realista e criativa

Há duas qualidades que tornam a vida ainda mais positiva e gratificante. Você está se tornando cada dia mais proativo, senhor de suas escolhas e decisões e isso o anima a transformar sua vida num laboratório de descobertas e realizações. Você tem certeza de que este é o caminho. Convém segui-lo com amor, com entusiasmo, com determinação.

O mundo não é como gostaríamos que fosse. Ele é como é. E sua realidade nos assusta e machuca. *Aceitar a realidade* e conviver harmoniosamente com ela é o grande passo que você consegue dar à medida que sua autoestima se fortalece. Ser *realista* e, apesar disso, *sonhador*. Conjugar o dia a dia, às vezes decepcionante e cruel, com os compromissos que se impõem na área familiar e profissional requer uma dose elevada de amor, de automotivação e empenho. São esses os ingredientes que farão a própria realidade adquirir as novas dimensões de que necessita para transformar-se.

Exatamente por ser realista, vendo e sentindo o quanto o mundo precisa de líderes e agentes com nova visão, você se torna *criativo*.

As mãos da inércia o deixam intranquilo e perturbado: é preciso agir, encontrar soluções onde ninguém as encontrou, fazer a criatividade orientada pela intuição entrar em jogo. Há sempre uma saída que ainda não foi testada. Há sempre uma solução que ainda não foi cogitada.

É a sua vez de entrar em cena: confiante, você se apresenta ao mundo; tem uma palavra a dizer; um recado a dar. Faça sua parte, que o mundo será melhor a partir desse momento. Você faz a diferença: e isso o gratifica. Vá em frente!

A flexibilidade nos julgamentos e ações

Quanto mais sua autoestima se harmoniza e solidifica, menos radical você se torna. Você adquire a sabedoria do discernimento que o faz flexível em seus julgamentos e capaz de harmonizar sua conduta, impregnando de bondade suas ações.

Todos conhecemos o destino da rigidez de um carvalho: o vento pode quebrá-lo com relativa facilidade, exatamente por não ceder, por teimar em não se inclinar, em não ser humilde como o junco. A tempestade passa e o junco se ergue, refazendo-se com o calor do sol.

O medo de sermos dominados, de sermos subjugados pelo poder do outro que nos pede mudança de opinião, radicaliza-nos, endurecendo nosso coração tantas vezes insensível e distante. O orgulho não permite ao carvalho perceber a inteligência que há na flexibilidade. Prefere quebrar a ceder, como tantos na vida.

Mudar de ideia, reconsiderar, pensar melhor, mais objetivamente: tudo isso requer jogo de cintura. É isso próprio de quem sabe dobrar-se, sem medo de perder sua autonomia. A conquista de um espaço de liberdade interior requer *humildade* de percepção: ela nos faz enxergar o que os olhos não veem e o coração não percebe.

Julgar é fácil; difícil é ser imparcial. A autoestima saudável lhe dá a segurança necessária para *flexibilizar* seus julgamentos e reordenar suas ações. Você não age por instinto, nem apenas pressionado pela urgência; usa sua proatividade e faz a escolha certa: decide pelo mais importante, priorizando o que realmente tem valor num contexto de bem-estar próprio e interesse pelos outros. E isso você aprende diariamente, visto seu coração e sua mente estarem abertos e receptivos ao que a vida lhe oferece para seu autoaperfeiçoamento.

Seus julgamentos e suas ações revelam a grandeza de sua alma. É o momento de mostrar ao mundo o quanto cresceu; que está cada vez mais adulto, mais maduro, mais experiente. A sabedoria se manifesta espontaneamente, fazendo-o agir com assertividade e firmeza. Esse é o caminho. Basta segui-lo.

Alegre e benevolente

A alegria nasce da *satisfação pela vida*. Brota de dentro, do coração de quem sente a esperança pulsar, minuto a minuto. Só ela é capaz de fazer aflorar o sorriso espontâneo, o brilho nos olhos, o rosto iluminado de quem adora viver.

A verdadeira autoestima é mágica: transforma as dificuldades em oportunidades de crescimento, transmutando as crises passageiras em aprendizados permanentes. A certeza de que o *otimismo* carrega consigo a força da vitória faz de você um campeão. Você anda de cabeça erguida, porque acredita que vale a pena viver, vale a pena investir na alegria de ser saudável e bem-sucedido. Você tem um futuro brilhante pela frente e sabe o quanto é importante apostar no aperfeiçoamento diário das qualidades de um caráter equilibrado e forte, que o faça atravessar as adversidades sem perder a alegria e o encanto pela jornada.

- *Sorrir*, quando se tem vontade de andar de testa franzida pelas preocupações que nos acompanham de manhã à noite.
- *Sorrir*, quando nem tudo se ajeita como você teria gostado.
- *Sorrir*, quando apenas a esportividade e o senso de humor são capazes de salvar a situação.

- *Sorrir*, quando é a única maneira de dizer "desculpe".

E ser *benevolente* consigo e com os outros.

Querer-se bem: esse é o primeiro passo para querer bem os outros. Você cria uma aura de compreensão, de bem-estar, de harmonia consigo e com o mundo. E todos se sentirão felizes em estar com você: sua energia emana fluidos de amor que tocam profundamente a alma de quem se aproxima de sua presença. É bom sentir as emanações de seu coração, impregnando o ambiente de vibrações de paz! É bom conviver com você, porque *você é especial*: feito de luz, feito de amor, feito de uma alegria contagiante e mística que os próprios deuses do Olimpo desejariam para si.

Quem vive alimentando uma autoestima cada vez mais bonita e saudável certamente sabe o quanto é bom e necessário *viver com alegria*. Na medida de sua generosidade e benevolência, cresce a importância de seus atos. Você é o primeiro a beneficiar-se. O prêmio dos outros virá por acréscimo.

Otimista e cooperativo

Olhar a vida com otimismo é próprio apenas de quem tem uma autoestima elevada. A maioria absoluta das pessoas tem muita dificuldade para ser otimista. Acreditam que o otimismo é utopia em meio à dificuldade da vida. Não condiz com a realidade sofrida do povo, repleta de adversidades, doenças e inseguranças de todo tipo.

- Como ser otimista, quando faltam as mínimas condições de saúde, de perspectiva de futuro, de um salário mais digno e condizente com a situação familiar e social, abalada pelo desconforto e pela incerteza de dias melhores?
- Como ser otimista, quando se está desempregado, vendo a família passar privações, incapaz de suprir até mesmo as menores exigências dos filhos em suas necessidades escolares?
- Como ser otimista, quando tudo conspira contra você e o mundo parece querer arrasá-lo, de qualquer maneira?

Concordo plenamente que os problemas estão aí e atrapalham bastante a vida. Mas perder o otimismo – com sua carga de esperança embutida – não torna tudo mais difícil ainda?

O otimismo é uma luz a guiar-nos por caminhos sinuosos e íngremes, tornando mais fácil e seguro superar as peripécias da estrada. É uma luz interior – luz própria – a conduzir seus passos para a vitória. É preciso cuidar dela para que jamais se apague. É preciso que brilhe sempre mais.

Sua autoestima, assim iluminada, expande seus limites, e você vive de forma *cooperativa*, visando à integração de forças e não à mera competição entre partes distintas. Um novo paradigma abre-se diante de seus olhos: vencer-vencer, ganhar-ganhar. Deve ser satisfatório para ambos: você e o outro. Os dois saem ganhando, saem satisfeitos. Se não for assim, nada feito. Você não admite que alguém necessariamente deva perder para o outro sair ganhando. Essa máxima capitalista, selvagem e destrutiva, deixou de fazer parte de sua filosofia de vida. É o *seu* bem e o bem do *outro* que está em jogo. E *os dois* precisam lucrar.

> *Esta é a nova visão que orienta*
> *os olhos de sua alma.*
> *Você é otimista e cooperativo,*
> *e isso o satisfaz plenamente.*
> *Um novo jeito de ser. Um novo amanhã.*

Humildade em admitir seus erros

Eis a qualidade de caráter que o orgulhoso desconhece: a *humildade* em reconhecer seus erros. Não apenas reconhecê-los, mas também *corrigi-los* toda vez que se manifestarem. Corrigi-los com tanta insistência e amor que necessariamente um novo hábito possa sobrepor-se à antiga força.

Em vez de ser reativo, agredindo ou magoando-se por qualquer pequeno incidente, agora você sabe que tem o *poder da escolha* e isso lhe confere a liberdade necessária para interpretar os fatos a seu favor.

Se o resultado não foi o esperado, apesar do esforço e da dedicação despendidos, a experiência mostrou-lhe que faltaram ingredientes indispensáveis para os resultados serem favoráveis. Numa próxima vez, com certeza, isso fará a grande diferença. "Há experiências e não fracassos. Há resultados e não erros." Nada melhor que experimentá-los na prática. Reconhecer a necessidade de mudanças e efetuá-las no poder da *sabedoria* que o faz evoluir diariamente, aprendendo com os próprios erros.

Por outro lado, se tudo indica que você errou de modo grosseiro, se já havia prometido a si mesmo e a sua família que jamais aconteceria, mas aconteceu, a humildade mais uma vez deve entrar em cena e você pode *pedir perdão*. A *reconciliação* consigo e com os outros irá devolver-lhe a força e a coragem de levantar a cabeça e seguir em frente. Será preciso sacudir a poeira, lavar o rosto e fazer a vergonha desaparecer. E disso você é capaz. Parabéns!

Assim você refaz sua autoimagem e aumenta sua autoestima a cada dia. Vive *consciente*, atento a tudo que se passa. Todas as oportunidades de crescimento são fielmente aproveitadas. Tudo se transforma em lucro para quem ama a vida. E você é um amante proativo: um eterno aprendiz do Universo, disposto a assumir sempre mais sua vida e escrever o roteiro de suas novas conquistas. Você sabe, e quem sabe tem tudo nas mãos quando a *boa vontade* e a *determinação* trabalham a seu favor.

---

*Erros deixam de ser erros:
transformam-se em lições.
Lições de vida nova.*

Desafios válidos e objetivos estimulantes

Outro ingrediente da autoestima saudável é a *audácia* em alimentar grandes sonhos.

Julgar-se no direito de sonhar e reunir as ferramentas psicológicas necessárias para transformar tais sonhos em realidade é característica de quem se dá o valor e a importância que sua autoestima propõe-lhe.

Desafios válidos e objetivos estimulantes aguçam a sua vontade de crescer. Tem de valer a pena investir tempo e amor no que realmente se quer. Pequenos sonhos são incapazes de despertar seu entusiasmo. Você acredita na vida e acredita em suas próprias capacidades. Sabe que pode ir longe. Que os limites são aqueles que você mesmo estabelece. A *ousadia* de querer mais, de romper barreiras, de quebrar tabus, de mudar paradigmas... enfim, de ser *diferente*, o atrai sempre para novas conquistas.

- Vale a pena gastar seu tempo correndo atrás de ilusões, de sonhos vãos, de falsas promessas, de lucros fáceis – gerados a qualquer custo –, ou seu tempo é precioso demais para consumi-lo em ninharias sem consistência, que o vento do tempo desfaz em areia?

- Vale a pena apostar em objetivos pouco duradouros, não suficientemente significativos para dedicar-lhes seu tempo e amor?

Sua autoestima diz-lhe que não. A grandeza de sua alma sugere caminhos mais sólidos, mais seguros e bem mais gratificantes. Você merece *evoluir* constantemente, fazendo sua alma desfrutar das alegrias do espírito.

À medida que se cresce, tudo se torna, por ressonância, mais fácil. Você atrai as bênçãos do universo que o impulsionam sempre mais rumo ao sucesso. Até mesmo suas crises financeiras são superadas com relativa facilidade. Você aprende a lidar de maneira diferente com os reveses da vida. Sua postura é serena e confiante, própria de um campeão. Você tem tudo para dar certo. Sabe de sua competência, de seu talento e, principalmente, de sua grande vontade de vencer. Esse é seu segredo. Vale a pena acreditar nele!

Paixão por novas experiências

Outra característica importante de quem possui elevada autoestima é sua paixão por novas conquistas. O novo o atrai, em vez de assustá-lo. Sente-se impulsionado pela magia do desconhecido. A acomodação para ele é sentença de morte psicológica. Não tolera parar no tempo: há sempre algo a descobrir, algo a inventar, algo a vivenciar.

O gosto pela aventura intelectual desafia-o constantemente. Não há como esquivar-se dessa tentação: é um apelo permanente para percorrer novos caminhos, pesquisar novas alternativas, testar novas saídas. Isso o faz vibrar, sentir-se vivo, com excitação emocional em alta. Nada o detém, nada o desvia dos objetivos propostos. Segue as metas traçadas com disciplina e perspicácia, conquistando, um por um, os degraus que o levam à execução de seus planos.

Vida, para ele, é movimento. *É proibido parar.* Estagnar é retroceder. Conhece apenas os verbos que o desinstalam e o põem a caminho. Busca um sentido novo de evolução, uma justificativa cada vez mais sólida para suas inquietações e anseios profundos.

Reforçar, de maneira realista e positiva, sua própria autoimagem, sentindo-se filho de Deus, irmão das estrelas e das árvores, é tarefa diária que se propõe.

Em consequência, sua autoestima evolui de forma visível e contagiante. Todos se sentem bem em sua companhia. Sua presença amiga e cativante irradia uma aura de positividade e alegria ao seu redor. Há uma luz que *atrai as pessoas* para perto de si. Como se todos quisessem um pouco do seu brilho. Como se todos precisassem de sua energia.

O curioso de tudo isso é que ele próprio se reabastece ao dar de si. Como a estrela que brilha, sem se desgastar, irradiando sua luz.

Sim, as pessoas de elevada autoestima são como estrelas. Brilham constantemente, sem ser fugazes como os cometas que apenas passam e seu brilho desaparece.

Você também é uma estrela.
Sua paixão pela vida, por novas experiências,
por tudo que o desafia,
faz de você alguém especial.

O Universo agradece.

Comunicação aberta e honesta

Uma autoestima desenvolvida traduz-se em inúmeros benefícios. Não só para quem a possui, mas também para todos que convivem com pessoas assim. Um dos benefícios que ressalta aos olhos é a maneira de comunicar-se com os outros.

Meias palavras e meias verdades não fazem parte do vocabulário relacional de quem possui elevada autoestima. A verdade é clara e franca, sem rodeios nem subterfúgios. A comunicação é *aberta* e *honesta*, primando sempre em preservar a verdade acima de qualquer suspeita.

Para que isso se torne possível, é preciso ter princípios sólidos a nortear sua vida. Sem referência a valores permanentes e eticamente estáveis, a prática da honestidade na vida social e no mundo econômico é simplesmente inviável. É preciso ter consciência moral refinada e um estilo de vida capaz de agregar valores espirituais, harmonizando os valores materiais que tentam cegar a miopia de um ego agarrado aos bens perecíveis, para que a verdade prevaleça.

Como é difícil encontrar pessoas íntegras e coerentes!

Estamos acostumados a mentiras e falcatruas, como se isso fizesse parte do cotidiano normal de nossas vidas.

Há, porém, uma voz interior que reclama e se levanta em protesto a essa situação. É a voz de nossa consciência ferida, a voz de nossa autoestima agredida pela deslealdade e pela maledicência. Não conseguimos suportar tamanha falsidade. Nosso estômago se revolta e nos repugna conviver com tais circunstâncias.

Ainda bem que tudo isso nos convida a refletir sobre nossa *postura moral* diante de um mundo carregado de inverdades. Nossa autoestima, para manter-se pura e imunizada, precisa de constante *renovação*. Firmar-se em bases sólidas e indestrutíveis, como quem constrói sobre a rocha: eis o que é mais urgente e necessário para subsistir incólume e saudável.

---

*Sua autoestima positiva mantém
sua palavra em estado de alerta:
é preciso vigiá-la constantemente.
Ela tem o poder de destruir ou edificar.
De arrancar ou semear.
Se ela for aberta e honesta,
a colheita será abundante.
Com certeza, é isso que você deseja.
Continue semeando.*

Partilhando sua riqueza interior

*H*á pessoas que têm medo de abrir seu coração. Medo de ficarem pobres ao partilhar sua riqueza interior, seus conhecimentos, suas experiências de vida. Como se ao dar não correspondesse um receber, de igual ou redobrado valor.

Ideias partilhadas enriquecem. Tanto quem dá como quem recebe é beneficiado. Posso partilhar uma boa ideia com mil pessoas e as mil saírem enriquecidas. E eu, em absoluto, fiquei mais pobre. Continuo com a ideia que multipliquei, acrescida da satisfação de ter sido útil a mil corações que pulsaram mais alegres.

À medida que sua autoestima se desenvolve e solidifica, você tem o prazer de ajudar os outros. Aprende, enriquece-se internamente, e reparte com todos que estão ávidos em receber. E mais ainda cresce ao descobrir que tal gesto enobrece seu coração e o gratifica como doador.

A mesquinhez de quem quer guardar tudo para si, com medo de favorecer os outros a sua custa, faz parte de uma autoestima negativa, invejosa e hostil. Esse não é seu perfil e muito menos seu desejo.

As almas generosas se prezam como você se preza. Por isso seu mundo interior é outro e suas ações se espelham na magia do amor. Tudo converge para o bem, para o crescimento de todos e a iluminação do planeta.

- O *amor*, que aquece seu coração, precisa aquecer corações frios e sem vida.
- A *paz*, que aquieta sua alma, fará um bem imenso aos aflitos e angustiados deste mundo confuso em que vivemos.
- A *fé*, que lhe dá força e coragem no dia a dia, precisa ser transmitida. Há multidões necessitadas dela!
- A *esperança* – pão-nosso que alimenta os passos do peregrino –, quantos vivem sem ela, desesperançados e perdidos em meio a seus problemas diários?
- A *alegria*, o *otimismo*, o *entusiasmo*... tantas e tantas virtudes que enfeitam sua alma e das quais o mundo está carente, precisam ser partilhadas.

O mundo está melhor porque você existe. Porque seu coração é generoso, aberto e compreensivo. Graças a sua autoestima positiva e saudável, muitos podem sorrir de novo e encontrar o caminho da realização.

> *Porque você existe,*
> *o amor continua vivo.*

Parte 5

Como ajudar os outros a reforçar a própria autoestima

Saber qualificar

E os outros? Como você pode ajudá-los a reforçar sua autoestima?

Há muitas maneiras de fazê-lo. Mesmo não sendo "receitas mágicas", são úteis para o crescimento psicológico de qualquer ser humano.

Antes de tudo, saiba *qualificar* a pessoa a quem você pretende ajudar. Reconheça suas qualidades, fazendo com que o outro note as virtudes que ele tem, em vez de ressaltar seus pontos fracos e expô-los à crítica destrutiva.

Qualificar supõe a *arte do elogio*, que no momento certo e na medida exata realiza milagres. Todos gostam de ser reconhecidos e, se isso faz bem ao ego, ajuda também a despertar a consciência dos próprios valores, muitas vezes abafados por uma educação repressiva e castradora.

- Fale das coisas boas que o outro é *capaz de fazer*. Se ele provou que as fez, fará novamente. Seu estímulo será a força que faltava para continuar evoluindo.
- Fale das *virtudes* e perdoe os defeitos. Aliás, quem não os tem? São as virtudes que precisam brilhar iluminando a própria estrada e a dos outros. Seu brilho ofuscará as sombras que os defeitos projetam.

- Fale do *amor*, tantas vezes manifesto por palavras e ações. Só ele é capaz de atenuar o poder destruidor dos momentos de raiva que irrompem, vez por outra, de um coração ferido ou ingrato.
- Fale do que ainda o outro não é: fale de como você gostaria de vê-lo; do quanto ele é capaz; do quanto seu futuro será brilhante; de quanto vale *despertar* o novo homem ou a nova mulher, adormecidos ainda pelas circunstâncias pouco favoráveis ou pela falta de conscientização para acordar.
- Fale do quanto você *confia* na capacidade de realização, de sucesso e crescimento do outro, em vez de ficar lembrando constantemente os fracassos que já aconteceram.

Despertando a confiança em si, desperta-se o herói adormecido. E a vida terá outro rumo, novo impulso, novas perspectivas.

Você percebeu o quanto pode fazer pelos outros? É bem mais fácil do que parece. Experimente!

Apoiar, estimular, incentivar...

Se é verdade que "ninguém motiva ninguém", que a motivação é sempre um poder que brota do íntimo, é também verdade que um incentivo bem dado torna-se muitas vezes o suficiente para alavancar alguém. Uma palavra amiga, um gesto de apoio, um estímulo proveniente do coração... como faz bem! Renova, dá novo alento, ressuscita. É como se misteriosas energias brotassem das profundezas da alma e revivessem quem estava morto.

> *A autoimagem se refaz.*
> *A autoestima se reforça.*
> *Um novo brilho nos olhos,*
> *uma nova luz no coração.*
>
> *Uma esperança renovada, uma vida refeita.*

Tudo isso está ao alcance de suas mãos. Você pode contribuir para que o milagre aconteça. São os "cinco pães e dois peixes" que estavam faltando para que a multiplicação de sonhos realizados, de sucessos obtidos, de conquistas merecidas de fato acontecesse. Sua mão lançando a semente e Deus cuidando a fim de que ela germine e cresça. Você fazendo sua parte e o universo retribuindo.
- Uma palavra de conforto para os sofredores.

- Uma palavra de fé para os desesperançados.
- Uma palavra de ânimo para os pessimistas.
- Uma palavra de coragem para os derrotados.
- Uma palavra de amor para os incompreendidos.
- Uma palavra de alegria para os tristes.

E a lista continua... Sua intuição é capaz de sentir a palavra certa, no momento certo, para a pessoa certa. O coração é a bússola: siga sua orientação e você saberá. Confie na grande sabedoria interior, no mestre que se esconde em seu íntimo. Sua boca dirá as palavras de vida que alguém precisa ouvir. Deixe seu coração falar.

Os verbos são muitos, a realidade é uma.

Às vezes você usará o verbo "compreender", pois é tudo que o outro precisa em dado momento.

- Às vezes o verbo será "acordar", quando sua palavra irá sacudir o torpor no qual alguém está sepultado.
- Às vezes o verbo será "questionar", porque seu amor não se conforma com a insensatez na qual seu amigo se esconde.
- Às vezes, ainda, o verbo será "direcionar", porque alguém se desviou totalmente do caminho e necessita, com urgência, de uma mão firme e amorosa que o reconduza.

São coisas do amor...
Seu coração saberá orientá-lo.
Siga suas instruções.

A força dos grandes momentos

Todos nós já vivemos momentos marcantes e significativos ao longo da vida.
- A magia do primeiro amor.
- A festa do casamento.
- O nascimento do primeiro filho.
- Um sonho que se realizou.
- Uma vitória arduamente conquistada.
- A formatura dos filhos.
- Um carro... uma casa nova...

Enfim, se fôssemos reunir os grandes momentos, felizes e inesquecíveis, teríamos uma força capaz de renovar-nos diante de qualquer adversidade que pareça intransponível. E este é o segredo: valha-se dos acontecimentos felizes do passado, *revivendo-os* e trazendo-os, com sua magia, para o presente.

Você experimentará novamente o sabor da alegria, o gosto da vitória, a força da coragem que animou sucessos alcançados. E o futuro revestir-se-á de luz, porque seu coração irá se iluminar ao vivenciar os momentos mágicos, vividos intensamente por você, partilhados com quem você ama, e guardá-los em seu inconsciente para serem *revividos* no momento certo.

Pode acreditar que, ao fazê-lo, sua autoestima renasce. As boas lembranças do passado abrirão seus olhos para ver o mundo com outras perspectivas. Seu coração pulsará com nova esperança e sua mente vislumbrará horizontes jamais imaginados. Você é melhor do que imagina ser. Sua história pessoal é carregada de feitos bonitos que, infelizmente, com o passar do tempo, acabaram perdendo seu brilho. Vá buscá-los em seu banco de dados, no arquivo do seu coração, e traga-os urgentemente para cá: aqui e agora.

Hoje você precisa sorrir.

Hoje você precisa erguer a cabeça.

Hoje... crer, esperar, investir, criar seu futuro.

O ontem é referência.
O hoje é oportunidade.
O amanhã é consequência.

Sucessos, êxitos, objetivos alcançados...

"Nada melhor que o êxito para gerar êxito", lembra-nos Maxwel Maltz. Pela lei da atração do semelhante, sucesso atrai sempre mais sucesso. Objetivos alcançados facilitam a realização de novos sonhos. A mente aprende pela repetição dos fatos e um clima de eventos bem-sucedidos e de astral alto é o campo próprio para a semente do êxito germinar.

- *Sucesso* tem as mais variadas definições. Você terá certamente a sua. Aquela que, em sua história particular, lhe faz mais sentido. Com a qual você mais sintoniza. A base desse sucesso se alicerça em conquistas interiores, em bens materiais, em valores adquiridos ou em princípios indestrutíveis e perenes?
- Seu *êxito* depende das qualidades do seu caráter ou da imagem que sua personalidade transmite, tanto nas habilidades das técnicas empregadas como na boa performance de sua comunicação?
- A *realização* de seus objetivos deve-se ao estabelecimento apropriado de metas e à perfeita execução destas, ou são lances da "sorte" que

regem aleatoriamente seu destino, para sua felicidade, de forma satisfatória?

Com a autoestima em alta, você sabe perfeitamente que cabe a você, e a mais ninguém, assumir o comando de sua vida. Você é, ao mesmo tempo, o programador, o criador de seus programas e o administrador dos objetivos propostos. Exerce uma liderança pessoal, clara e definida, sabendo exatamente o que quer, para onde quer ir e quais os meios que o levarão até lá.

A automotivação torna-se um hábito, havendo ou não incentivos da parte de outros. A maturidade psicológica o leva a cuidar muito da fonte de produção, para que não falte água para a sede dos outros.

Fonte bem cuidada,
água em abundância.
Mente e corpo em harmonia,
saúde equilibrada.
Autoestima em crescimento,
coração feliz.

É assim que se vive bem. É assim que você conquista seu espaço e, acima de tudo, ajuda os outros a realizar-se.

O toque mágico de uma vida feliz

Você que me acompanhou até aqui, ao longo das reflexões deste livro, percebeu, com certeza, que a autoimagem que alimenta é o primeiro passo no desenvolvimento de seu caráter e na construção de sua personalidade.

Experimente:
- ver-se com bons olhos,
- ter ideias positivas a seu respeito,
- acreditar em suas capacidades,
- expandir a área do possível,
- visualizar-se num futuro brilhante,
- olhar-se nos olhos com amor...

e um sentimento novo nascerá em você, impulsionando-o para a frente.

A importância que antes você não se dava, o respeito por si e por tudo que se relaciona consigo, o valor que sua pessoa merece, o apreço por suas realizações, a consideração benevolente por seu passado, o encantamento pelas possibilidades que a vida lhe oferece, tudo faz sua autoestima *aumentar* e *solidificar-se*.

Você começa a gostar do que faz, amar-se e amar a vida, impregnando tudo com um toque mágico de alegria que o deixa cada vez mais *realizado* e *feliz*.

Quando as circunstâncias não lhe forem favoráveis e os ventos da tristeza ou da doença soprarem em sua vida, então, mais do que nunca, você conhecerá a força de sua autoestima. Você pode, sim, ser atingido pela adversidade ou mesmo pela desgraça, mas nada o impedirá de levantar a cabeça e sair vitorioso da situação.

E quando os ventos contrários pararem de soprar, você mesmo ficará admirado com a força que o manteve de pé e o fez sair ileso em meio à tempestade.

> *Você merece ser feliz.*
> *É um direito que lhe assiste:*
> *afinal, você é filho de Deus,*
> *e sua imagem primordial é divina.*
> *Sua origem e seu destino*
> *têm raízes na eternidade.*
> *Alegre-se!*
> *Você é um ser abençoado.*